Vor-Lesestufe

Manfred Mai

Leons erster Schultag

Mit Bildern von Valeska Scholz

Ravensburger

Bibliografische Information der Deutschen Nationalbibliothek:

Die Deutsche Nationalbibliothek verzeichnet diese Publikation
in der Deutschen Nationalbibliografie.
Detaillierte bibliografische Daten sind im Internet
über http://dnb.d-nb.de abrufbar.

1 3 5 4 2

Ravensburger Leserabe
© 2021 Ravensburger Verlag GmbH
Postfach 2460, 88194 Ravensburg
Umschlagbild: Valeska Scholz
Fachberatung: Dr. Birgitta Reddig-Korn
Lektorat: Steffi Korda, Hamburg
Printed in Germany
ISBN 978-3-473-46021-2

www.ravensburger.de
www.leserabe.de

Inhalt

Ein besonderer Tag

In diesem  wohnt ein  .

Der  heißt Leon.

Heute ist für  ein besonderer Tag,

denn heute darf er in die  .

 ist sehr aufgeregt.

Er schaut in seinen .

Es ist alles noch drin: zwei ,

ein , drei , drei ,

ein  und ein .

Dazu ein  und drei .

 hat frische  geholt.

Aber  sitzt unruhig am Tisch

und knabbert wie ein  an

seinem  herum. In seinem

krabbeln bestimmt tausend  .

Es läutet an der . Sofort springt

 auf, sodass sein  umfällt.

Er öffnet die . Draußen stehen

und .

 hat eine   in den Händen.

„Die ist für dich", sagt

und gibt sie  . „Weil du heute in die

 kommst."

„Darf ich die  gleich öffnen?", fragt

  . schüttelt den .

„Erst wenn die  aus ist."

 schaut auf die . „Es ist höchste Zeit, wir müssen los!"

 nimmt den  auf den  und die   in den .

Und los geht's!

Vor dem  ruft  : „Halt! Ich muss

noch mal hinein!"

 rollt mit den  und fragt:

„Warum das denn?"

„Ich habe meinen  vergessen",

antwortet  .

„Ohne den kann ich nicht in die  ."

Also schließt  die  wieder auf.

 drückt  die  in die

und läuft die  hoch in sein Zimmer.

Dort liegt der  auf

dem  .

 schnappt ihn, läuft die  wieder

hinunter und wirft die

 hinter sich zu.  gibt ihm

die  zurück.

Dann machen sie sich auf den

zur  .  filmt mit seinem  .

Dabei stolpert er rückwärts über einen

 und hüpft herum wie ein

beim Kriegstanz.

Alle lachen, weil es so lustig aussieht.

Nur  findet es nicht lustig.

Er steckt sein 📱 in die 👜 und

brummt: „Dann filme ich eben nicht mehr."

„Sei kein 🐸 !", sagt Mama.

„Nimm dein 📱 und film

weiter."

15

In der Schule ist es schön

Auf dem  sind schon viele

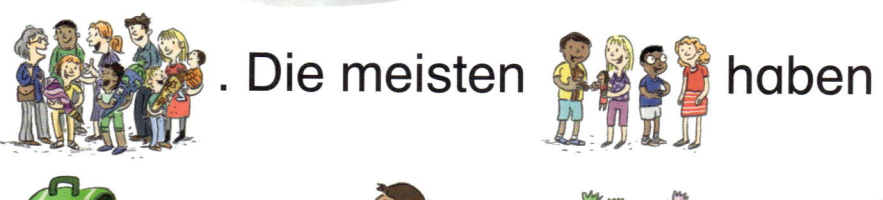 . Die meisten haben

 auf dem und im .

Alle gehen in den großen Saal.

Dort wartet schon Frau . Sie leitet die

 und begrüßt die  und die

 .

Die  setzen sich ganz vorn auf

 . Dahinter sitzen die  .

Für sie sind  aufgestellt.

„Liebe ", sagt Frau ,

„heute ist ein großer Tag in eurem Leben.

Ab heute seid ihr 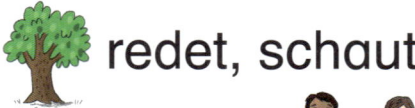."

Während Frau  redet, schaut

sich um. Er entdeckt seine

und  und winkt ihnen zu.  und

 winken zurück. schießt ein .

Plötzlich kommen zwei   auf die

Bühne gelaufen. Ein  stolpert über

seine großen   und kann sich

gerade noch am anderen  festhalten.

Die  lachen.

„Hallo !", ruft ein .

„Ich bin der - ." Auf seinem

weißen stehen viele .

„Mit mir werdet ihr rechnen lernen."

„Und ich bin der ", sagt der

andere. Auf seinem  sind viele

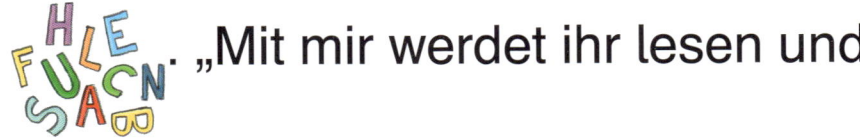 „Mit mir werdet ihr lesen und

schreiben lernen."

21

Die beiden nehmen sich an die

und hüpfen im  herum. Dabei treten

sie sich gegenseitig auf die großen

 und purzeln übereinander.

Die  lachen wieder.

Die  rappeln sich hoch. Da ertönt

aus dem Hintergrund Musik. Die

werfen ihre großen  weg und

beginnen, miteinander zu tanzen.

„Rechnen, lesen und schreiben

zu können ist schön!",

ruft ein  staunen.

„Fast so schön wie tanzen!",

ruft der andere .

Dann tanzen sie von der Bühne.

„Bald lasst auch ihr die  und

 in euren  an die richtigen

Stellen tanzen", sagt Frau .

Zum Schluss der Feier ruft Frau  die

neuen  auf die Bühne.

Die  gehen mit ihren  nach

vorn, um gute  und  zu

bekommen.

Frau  nimmt das 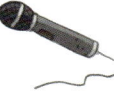 und sagt

ziemlich laut: „Die  gehen jetzt

in ihre . Die  bekommen in

der Zeit hier etwas zum Essen und

Trinken."

A B C – lesen tut nicht weh

 kommt in die Klasse 1a.

Sein Lehrer ist Herr . Der hat eine

 auf der und lächelt die

 an.

„Kommt alle mit, ich zeige euch jetzt

euer  ", sagt Herr .

Die  folgen ihm zur Klasse 1a.

Vor der vierten 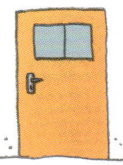 bleibt Herr

stehen und sagt: „Die  hier in

der  sehen ja alle gleich aus.

Damit ihr immer die richtige  findet,

klebt auf unserer ein . Wir sind

nämlich die -Klasse."

„Hast du gehört?", flüstert  seinem

 ins  . „Dann bist du hier genau

richtig."

„Wir gehen jetzt hinein, aber bitte ohne

zu drängeln", sagt Herr  .

 setzt sich neben , seinen Freund

aus dem  .

Seinen  setzt er vorn auf den

 , damit er alles sieht.

„Worauf freut ihr euch denn am meisten

hier in der  ?", fragt Herr  .

„Ich möchte endlich lesen lernen,

damit ich selbst  lesen kann",

sagt  .

„Ich auch!", rufen ein paar  .

„Das freut mich", sagt Herr .

Er nimmt seine  und setzt sich

auf den ⬚.

Dann beginnt er zu spielen und zu

singen: „ABC, lesen tut nicht weh. Im

Gegenteil, es tut dir gut, es macht dich

stark und gibt dir Mut.

ABC, lesen tut nicht weh."

Beim zweiten Mal singen einige

schon mit. Und beim dritten Mal alle.

„Prima!", lobt Herr  die .

Er stellt die  weg und fragt: „Wer

kann seinen Namen schon schreiben?"

Alle  gehen hoch.

„Das ist ja super", sagt Herr .

Die  bekommen den 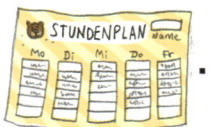.

Oben rechts sollen sie ihren Namen

hinschreiben.

Zum Schluss führt Herr  die

noch durch die  . Dabei zeigt er

auch auf zwei  .

„Das sind die !", ruft  .

„Genau", sagt Herr  . „Rechte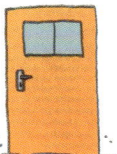

für die  , linke  für die

 ."

Dann ist die erste Schulstunde auch

schon zu Ende.

fährt mit seinen und

in ein . Dort hat einen

bestellt.

 möchte  mit  . Aber

zuerst bringt die Bedienung eine

-Suppe. In der schwimmen .

 kennt die meisten schon.

Nach dem Essen darf  endlich die

 öffnen. Er legt alles auf den ,

was drin ist:

Ein kleiner , ein , eine kleine

, ein  mit seinem Namen,

ein ,  und natürlich

 .

„Bist du zufrieden?", fragt  .

 nickt und greift nach einem  .

„Du hast noch gar nicht erzählt, wie es

dir in der  gefallen hat", sagt  .

„Gut", sagt  . „Herr  ist richtig

nett. Er kann  spielen und schön

singen. Ich sitze neben  .

Wir haben schon einen  .

Ich habe selbst meinen Namen

draufgeschrieben", sagt  stolz.

Er holt den  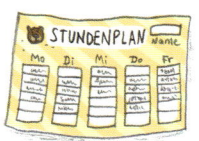 aus dem

und zeigt ihn seinem  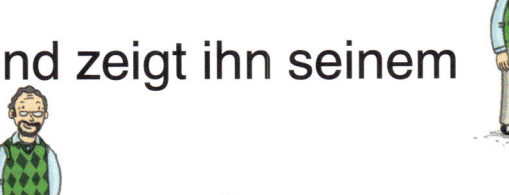 .

setzt die   auf. „Leon Linder",

liest er.  nickt anerkennend und gibt

den 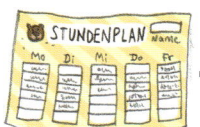 .

Während  den anschaut,

hat noch etwas für : Der

bringt ein riesengroßes

 an den !

„Das hast du dir verdient", sagt  .

„Ab heute bist du schließlich ein  ."

41

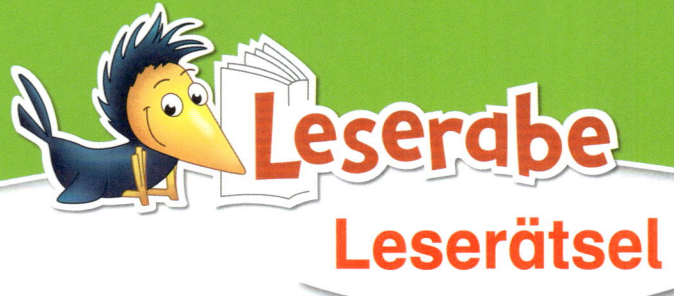

Leserätsel

Rätsel 1 **Folge den Buchstaben!**

Wohin will Leon? Folge den Steinen mit A.

Bilderpuzzle

Hoppla, hier sind einige Bildausschnitte durcheinandergeraten. Welche beiden Ausschnitte passen nicht ins Bild?

1

2

3

4

5

Finde den Fehler!

Findest du die fünf Unterschiede?

Was passt hier nicht dazu?

In jeder Reihe passt ein Bild nicht zu den anderen.
Welches?

Leserabe
Rabenpost

   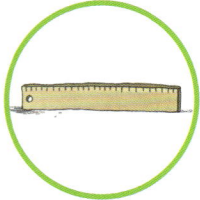

Rätsel 5

Rätsel für die Rabenpost

Was ist in Leons Schultüte?
Du findest es heraus, wenn du die Bilder
durch Anfangsbuchstaben ersetzt.
Lass dir dabei von deinen Eltern helfen!

Lösungswort:

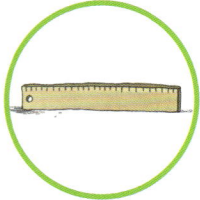

46

 Haus

 Pinsel

 Junge / Leon

 Papa

 Schule

 Brötchen

 Ranzen

 Mäuschen

 Hefte

 Bauch

 Mäppchen

 Ameisen

 Buntstifte

 Haustür

 Bleistifte

 Stuhl

 Lineal

 Oma

 Radiergummi

 Opa

 Malkasten

 Schultüte

 Kindergarten

 Ball

 Tisch

 Buch

 Bücher

 Taschenlampe

 Gitarre

 T-Shirt

 Stundenplan

 Spiel

 Toiletten

 Buchstaben-kekse

 Mädchen

 Süßigkeiten

 Jungs

 Lolli

 Gasthaus

 Kellner

 Pommes

 Eis

 Ketchup

 Schulkind

 Stühle

 Kreis

 Schulkinder

 Bilder

 Eltern

 Videos

 Großeltern

 Mikrofon

 Foto

 Klassen-zimmer

 Clowns

 Brille

 Schuhe

 Nase

 Zahlen

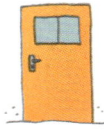 Tür

 Umhang

 Bär

 Buchstaben

 Ohr

  Hände

 Elias

Kopf

Mama

Uhr

Rücken

Arm

Augen

Teddy

Hand

Treppe

Bett

Weg

Handy

Stein

Indianer

Tasche

Frosch

Schulhof

Leute

Kinder

Baum

Erwachsenen

Bänke

Hast du das Lösungswort herausgefunden?
Dann kannst du jetzt tolle Preise gewinnen.

Gib das Lösungswort auf der -Website
ein oder schick es mit der
Post an folgende Adresse:

An den Leseraben
Rabenpost
Postfach 2007
88190 Ravensburg
Deutschland

Lösungswort:

An
den LESERABEN
RABENPOST
Postfach 2007
88190 Ravensburg
Deutschland

**Bitte frage
deine Eltern!***

Lesen lernen wie im Flug!

In drei Stufen vom Lesestarter zum Leseprofi

Vor-Lesestufe
Ab Vorschule

ISBN 978-3-473-46022-9

ISBN 978-3-473-46023-6

ISBN 978-3-473-46024-3

1. Lesestufe
Ab 1. Klasse

ISBN 978-3-473-46025-0

ISBN 978-3-473-46026-7

ISBN 978-3-473-46027-4

2. Lesestufe
Ab 2. Klasse

ISBN 978-3-473-46028-1

ISBN 978-3-473-46029-8

Auf geht's ins Lese-Abenteuer!